发明和探索系列

舰船妙趣探索

[意] 埃利诺·巴索迪（Eleonora Barsotti） 著
李恋恋　严惠丹　译

机械工业出版社
CHINA MACHINE PRESS

生活在陆地的人类，自古就有航海远行的梦想。本书介绍了古老简易的独木舟、皮筏，描述了帮助人类跨越重洋的帆船和现代的轮船、潜艇等的结构、用途。让我们一起探索舰船的妙趣吧！

图书在版编目（CIP）数据

舰船妙趣探索 /（意）埃利诺·巴索迪（Eleonora Barsotti）著；李恋恋，严惠丹译．— 北京：机械工业出版社，2016.2（2022.11 重印）

书名原文：First Discoveries：Ships

ISBN 978-7-111-54043-4

Ⅰ．①舰…　Ⅱ．①埃…　②李…　③严…　Ⅲ．①船舶 – 少儿读物
Ⅳ．① U674-49

中国版本图书馆 CIP 数据核字（2016）第 134213 号

机械工业出版社（北京市百万庄大街 22 号　邮政编码 100037）

策划编辑：杜凡如　连景岩　责任编辑：杜凡如　连景岩

责任校对：杜雨霏　　　　　封面设计：马精明

责任印制：常天培

北京瑞禾彩色印刷有限公司印刷

2022 年 11 月第 1 版第 2 次印刷

230mm × 230mm · 1.833 印张 · 2 插页 · 36 千字

标准书号：ISBN 978-7-111-54043-4

定价：23.80 元

电话服务		网络服务	
客服电话：	010-88361066	机　工　官　网：	www.cmpbook.com
	010-88379833	机　工　官　博：	weibo.com/cmp1952
	010-68326294	金　　书　　网：	www.golden-book.com
封底无防伪标均为盗版		机工教育服务网：	www.cmpedu.com

目 录

古老的船

最原始的船是将木头和兽皮缝在一起做成的。这些小船大多数都呈圆形。乘坐这些小船时还需要使用桨或帆，而且人们到达目的地之后会把小船拆卸开，然后把制作小船的材料回收起来。

用木头和兽皮制作的小船

在缝好的兽皮中注入空气，就做成了这种皮筏。

最早的独木舟其实就是一根中心被挖空的树干，将许多根这种树干绑在一起就变成了一个大木筏。当然，人们也会把一些用动物皮做成的气球绑在木筏上。

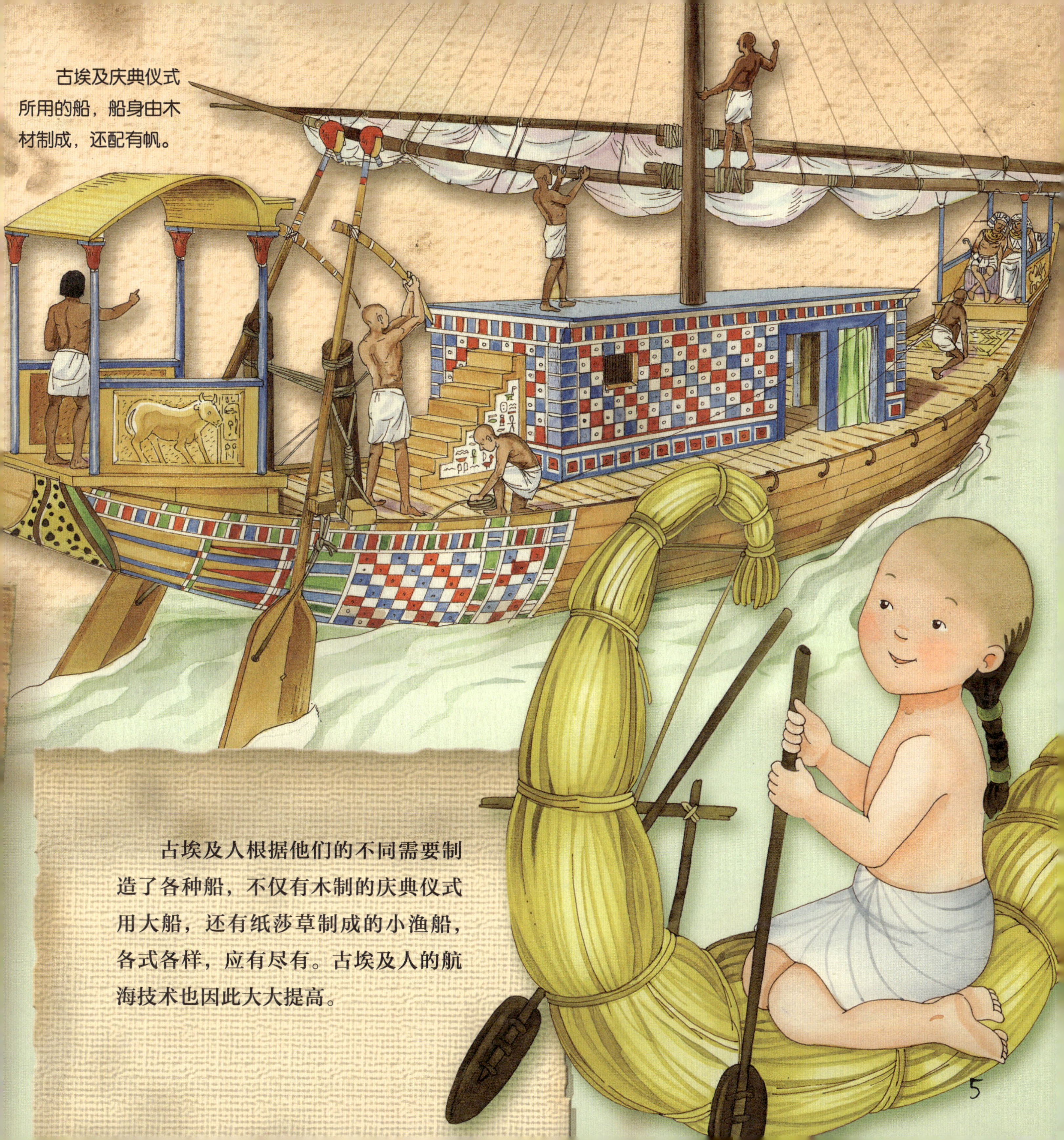

古埃及庆典仪式所用的船，船身由木材制成，还配有帆。

古埃及人根据他们的不同需要制造了各种船，不仅有木制的庆典仪式用大船，还有纸莎草制成的小渔船，各式各样，应有尽有。古埃及人的航海技术也因此大大提高。

早期的大船

三层桨座战船在当时是一种速度很快的船，可以搭载200多人。这种船在战斗过程中也需要使用桨。

古埃及人乘坐这种三层桨座战船在几个世纪中征服了地中海。这些战船中，最大的达到了35米长、4米宽。

为了让船可以在海上停留，就必须使用一种叫做“锚”的东西。最初的锚就是用绳子系上大石头。后来人们在石头上安装了木块，这样一来，锚就可以固定在深海中了。

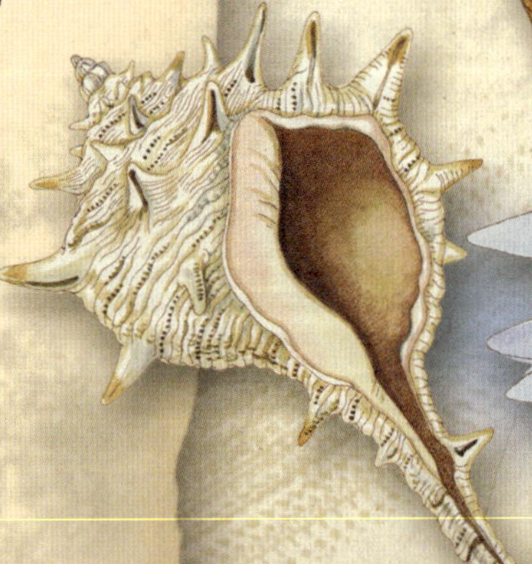

腓尼基人制造出了非常坚固的船，这些船的制作原料是“黎巴嫩雪松木”。腓尼基人利用这些船发展了商业，同时也开拓了新领土。

腓尼基战船和划桨的人

古罗马人制造出了商船，这种商船可以装载许多商品。

古罗马的造船师优化了希腊船和腓尼基船。因此罗马战船比希腊的船更平稳，而且船只还安装了一种“木转塔”，这样在海战中，人们的视野变得更广。

龙头船

维京人在乘坐他们的龙头船经商的同时也征服了新领地。龙头船的船头上雕刻有一个龙头，由木材制成。船只航行时需要一面大帆，还要依靠人们划桨。它的速度很快，操作方便，由于船身修长，因此吃水很浅，易于驶入河道和浅弯。

中式帆船

中式帆船的种类有很多，可以在江、河、湖、海中航行。中式帆船装有非常独特的帆，帆面有多道横竿，而且这种帆可以像窗帘一样折叠起来。另外，中式帆船一般都装有一个舵，而欧洲的帆船在很久之后才开始使用这种舵。

轻快帆船

15 世纪使用的轻快帆船是一种带有帆的小型船，船体的前端呈圆形，后端呈方形。轻快帆船一般有 2 根或 3 根桅杆，每一根桅杆上都有一面帆。另外，轻快帆船还有一个上层甲板。

克里斯托弗·哥伦布曾率领由三艘船组成的船队去寻找印度，最终却抵达了美洲大陆。其中一艘名为“尼娜号”的船就是轻快帆船。

在哥伦布的那个时代，人们在海上航行需要掌握基本的定位方法。因此，为了在航行时掌握位置、方向和时间，航海家们使用了各种工具，比如指南针、漏壶、星盘和六分仪等。

中国人发明了指南针，于12世纪传入了欧洲，是航海必不可少的工具。

帆桨战船和西班牙大帆船

帆桨战船是一种战斗船，形状又长又窄，行驶速度很快。这种船在行驶时需要桨，并且一般装有一面或者多面帆。另外，战船上还可以安装大炮。

1571年，“勒班陀战役”期间采用的帆桨战船更大并且装备了更多武器，比如在船的前方装上了加农炮。

水手必须知道如何打结和系缆绳，这是固定船帆必不可少的技能。

西班牙大帆船的长度超过40米，有3根桅杆并且装配了许多帆，船首和船尾均高于船的其他部分，比帆桨战船更大而且更结实。

西班牙大帆船成为了海上掠夺的工具，运载了许多黄金宝藏。

不管是用于战斗还是用于运输，西班牙大帆船在战争时期会装备武器。加农炮和长炮等武器都会成排地安装在主甲板和上层甲板上，并且每台加农炮都需要6个人来操纵！

快速帆船

美国在 19 世纪初发明了快速帆船，这种帆船的航行速度很快，因此被人们用于运送食品或珍贵材料。快速帆船的船身细而长，船上有 3 根桅杆和许多面帆，因此在海上的航行速度就像流星一样快。

船与船之间可以通过信号旗进行交流。信号旗传递的信息国际通用。

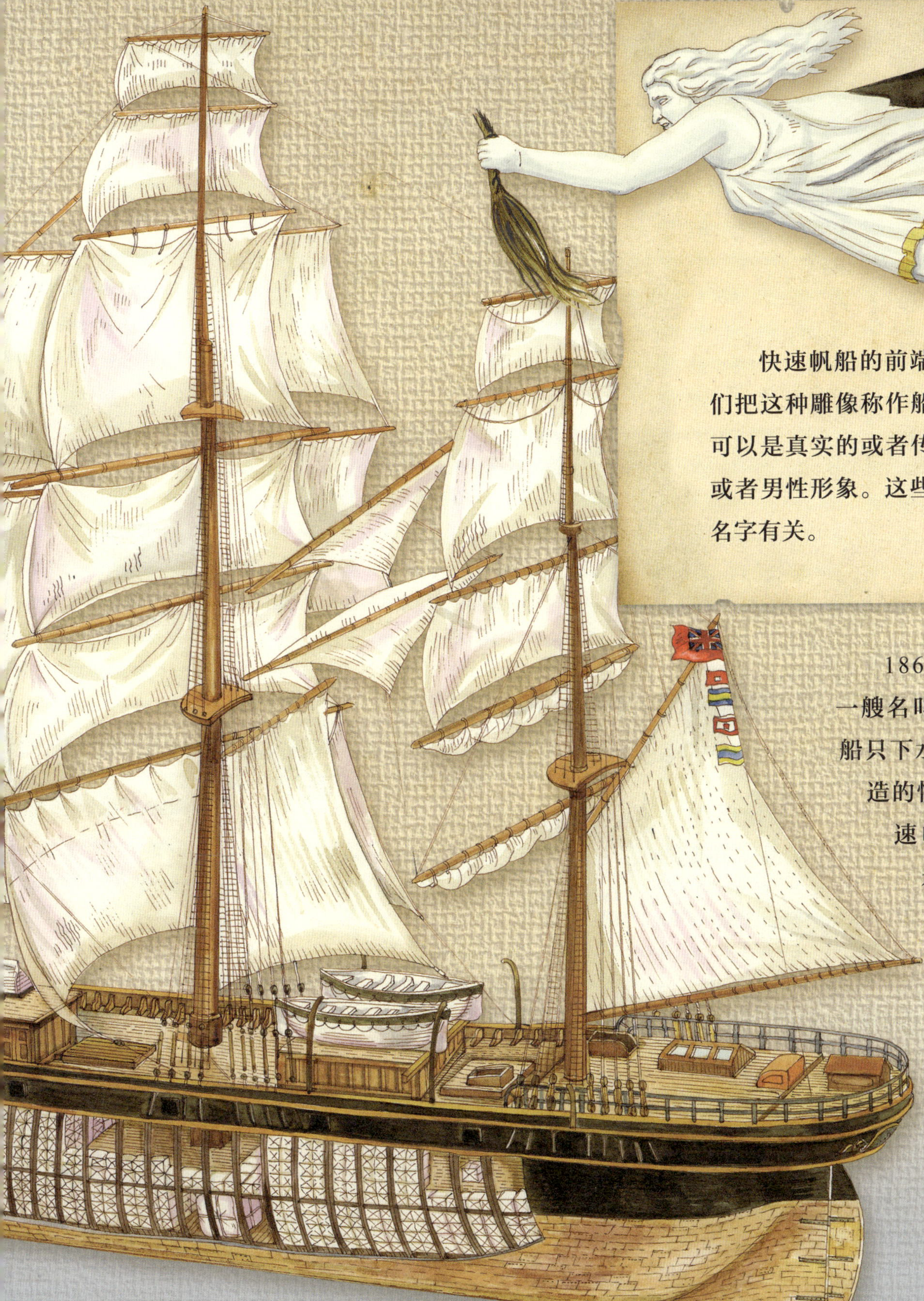

快速帆船的前端刻有木制雕像。我们把这种雕像称作船首雕像。船首雕像可以是真实的或者传说中的动物、女性或者男性形象。这些雕像通常都和船的名字有关。

1869年11月26日，一艘名叫“卡蒂萨克”的船只下水了，这是最后制造的快速帆船之一。快速帆船的桅杆有45米长，船身很坚固，因此航速可达17节（约31公里/小时），船舱里可以装运600吨的茶。

横渡大西洋的客轮

从1850年开始，金属船身逐渐替代了木制船身。许多船都可以搭载4000多名乘客从欧洲航行到美洲。

船上的船舱各不相同：最富有的人住在一等舱，最穷的人住三等舱，其他人住二等舱。

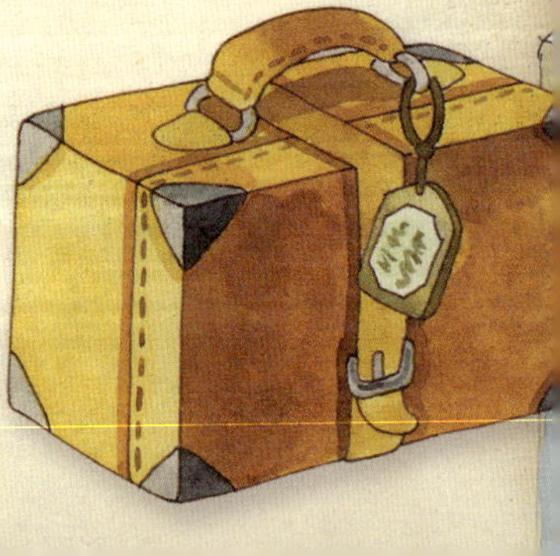

当时所有的大船都在竞争哪一艘能更快地横渡大西洋。但正是因为这种无休止的竞赛，导致了船只在航行过程中发生了一些可怕的悲剧。

最富有的人们可以享用船舱里装饰最豪华区域的设施，可以在高档餐厅吃饭。这些地方都有很长的甲板，供人们自由散步，人们也可以舒服地躺在一种很长的椅子上，这种椅子后来被人们称作“躺椅”。

1912 年，横渡大西洋的客轮“泰坦尼克号”在初次航行时因为撞上了冰山，不幸沉入了海底。

潜水艇

美国人大卫·布什内尔于1776年制造了最初的潜水艇。它的形状像一个鸡蛋，并且只能容纳一个人。这个发明已经具备了潜水艇不可缺少的设备，即用于下潜的压舱物，用于前进的螺旋桨，用于控制方向的舵，以及换气系统。

对于现代潜水艇来说，为了避免被敌人发现，在海洋中安静地航行至关重要。

1800年，真正意义上的现代潜水艇问世了。罗伯特·富尔顿设计出了“鹦鹉螺号”并在塞纳河进行了试验，这艘潜水艇需要通过手摇螺旋桨来驱动。1885年，法国制造出了最早的电动潜水艇。在第一次世界大战期间，潜水艇成为了名副其实的作战武器。许多现代潜水艇是由核能驱动的，核动力几乎可以使潜水艇具有无限的航程。这样一来，一艘潜水艇上的艇员就可以在海底生活好几个月。

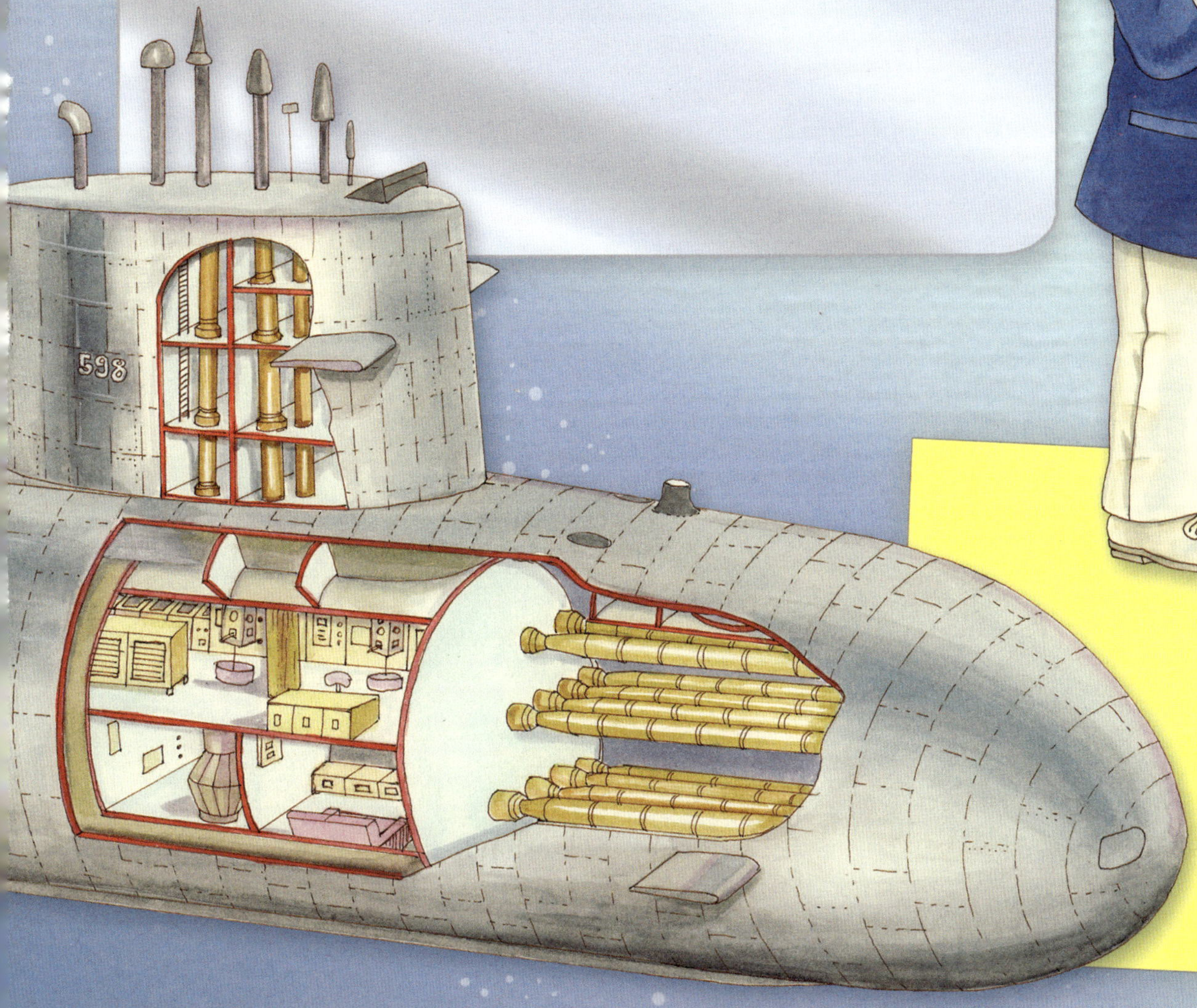

军用潜水艇装备有潜射导弹发射装置，这种导弹可以精确地命中目标。

特殊用途的船

为了实现更快的装货和卸货速度，人们将所有商品都装在了集装箱里。为了便于堆放在船上，集装箱的规格都相同。

集装箱船十分巨大，就像海上的巨人一样，其中最大的集装箱船长400多米，可以装载超过19000个集装箱。

气垫船下方有一个气垫层，这个气垫层使船只在水中和地面上都可以顺利行驶。同时气垫船的发动机也可以驱动船只以很快的速度行驶。